W0285565

Moustilou

mon imagerie en photos
français-espagnol

mon imagerie en photos français-espagnol

Plus l'apprentissage d'une langue est précoce, meilleure est son assimilation. Par son désir de découverte et sa grande capacité d'émerveillement, votre enfant abordera avec beaucoup de joie le nom des jouets, des aliments, des animaux ou des objets dans une langue étrangère.

Avec plus de 600 mots, des questions, des petites informations et des jeux, présentés avec humour et complicité par MoustiLou, l'imagerie bilingue est un formidable outil pour se familiariser avec l'espagnol. Ainsi, très jeune, votre enfant découvrira le plaisir de connaître et de parler une langue étrangère.

mi libro de imágenes

Cuanto más precoz sea el aprendizaje de un idioma, mejor es su asimilación. Por el gran deseo de aprender que tienen los niños, y su capacidad de sorprenderse, descubrirán maravillados los nombres de los juguetes, los alimentos, los animales o los objetos en el idioma extranjero.

Con más de 600 palabras, preguntas, pequeñas informaciones y juegos, presentados con humor y simplicidad por MoustiLou, el libro de imágenes bilingüe es una formidable herramienta para que se familiarice con el español. De este modo, su hijo descubrirá desde muy joven el placer de conocer y hablar un idioma extranjero.

Los animales

Les animaux

Les animaux familiers

un conejillo de Indias
un cochon d'Inde

Comment dit-on « chien » en espagnol ?

un hámster
un hamster

un canario
un canari

un perro
un chien

!

En espagnol, « chat » se dit *gato* !

un gato
un chat

unos peces rojos
des poissons rouges

unos conejos
des lapins

Les animaux de la ferme

una gallina
une poule

un gallo
un coq

unos pollitos des poussins

¿De qué color son los pollitos?

un pavo
un dindon

una pava
une dinde

un pato
un canard

una pata y unos patitos
une cane et des canetons

En espagnol, le coq fait *¡quiquiriqui!*

una oca
une oie

JEU

Quels sont les deux poussins identiques ?

unas cabras

des chèvres

un cerdo

un cochon

un caballo

un cheval

un potro

un poulain

!

Le veau tète le lait de sa maman jusqu'à l'âge de 8 mois.

un burro
un âne

Comment est la queue du cochon ?

una oveja
un mouton

una vaca
une vache

un ternero un veau

Les animaux de la campagne

unos erizos des hérissons

> ?
>
> **Encuentra la rana.**

una tortuga
une tortue

un caracol
un escargot

una rana
une grenouille

Sur terre,
la grenouille
se déplace
en sautant.

una lagartija
un lézard

un gorrión
un moineau

JEU

Montre l'escargot qui va manger la salade en premier.

una mariquita
une coccinelle

una avispa
une guêpe

una abeja
une abeille

una araña
une araignée

unas hormigas
des fourmis

una oruga
une chenille

?

Comment dit-on « papillon » en espagnol ?

una mosca
une mouche

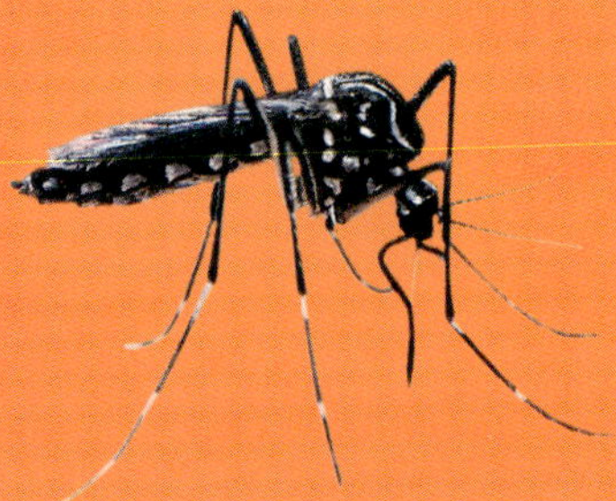

un mosquito
un moustique

un saltamontes
une sauterelle

una libélula

une libellule

unas mariposas

des papillons

« Un papillon bleu » se dit *una mariposa azul*.

Les animaux de la forêt

un *búho* un hibou

un *zorro*
un renard

una *ardilla* un écureuil

En espagnol, « renard » se dit *zorro* !

unos ciervos

des cerfs

un cervato

un faon

un jabalí

un sanglier

Que signifie *cervato* en français ?

una babosa

une limace

una liebre

un lièvre

Les animaux sauvages

una zebra
un zèbre

una gacela
une gazelle

¿Quién es blanco y negro?

unas jirafas
des girafes

un rinoceronte
un rhinocéros

! **«La girafe est très grande» se dit *la jirafa es muy grande*.**

un hipopótamo
un hippopotame

Quand il naît, l'éléphant pèse aussi lourd que deux machines à laver !

un elefante un éléphant

un león

un lion

un leopardo

un léopard

Dis en espagnol le nom du roi des animaux.

una serpiente

un serpent

JEU

Trouve les quatre différences entre les lions.

! L'autruche est le plus grand des oiseaux mais ne sait pas voler.

un flamenco rosado

un flamant rose

una avestruz

une autruche

un cocodrilo

un crocodile

un dromedario un dromadaire

Encuentra el flamenco rosado.

un camello un chameau

un canguro
un kangourou

unos koalas
des koalas

un oso panda

un panda

«Le perroquet peut parler» se dit *el papagayo puede hablar*.

un papagayo

un perroquet

un mono

un singe

un camaleón

un caméléon

un tigre
un tigre

una pantera negra
une panthère noire

Comment dit-on « tigre » en espagnol ?

JEU

Retrouve la maman de chaque bébé.

Les animaux marins

un pez payaso
un poisson-clown

un camarón
une crevette

unos pescados
des poissons

?

Combien de bras a l'étoile de mer ?

una estrella de mar
une étoile de mer

una medusa
une méduse

un cangrejo de mar
un crabe

Le crabe se déplace sur le côté.

un cangrejo ermitaño
un bernard-l'ermite

un pulpo
une pieuvre

un erizo de mar
un oursin

!

Le requin est très dangereux.

un tiburón

un requin

un delfín
un dauphin

Encuentra el delfín.

?

una ballena
une baleine

Les animaux de la banquise

un pingüino
un pingouin

¿De qué color es el oso?

un león marino
une otarie

un oso blanco
un ours blanc

una foca un phoque

Le manchot sait nager mais il ne sait pas voler.

un pingüino rey

un manchot

JEU

Aide le bébé phoque à retrouver sa maman.

La naturaleza

La nature

La campagne

La campagne change de couleurs au fil des saisons.

una amapola
un coquelicot

Encuentra la flor amarilla.

?

una margarita
une marguerite

un cardillo un pissenlit

un girasol
un tournesol

una pluma une plume

un nido
un nid

una hoja
une feuille

un árbol un arbre

! «L'herbe est verte» se dit *la hierba es verde*.

la hierba
de l'herbe

un tronco
un tronc

una carretilla
une brouette

un cortacésped
une tondeuse à gazon

una regadera
un arrosoir

?

Comment dit-on « arrosoir » en espagnol ?

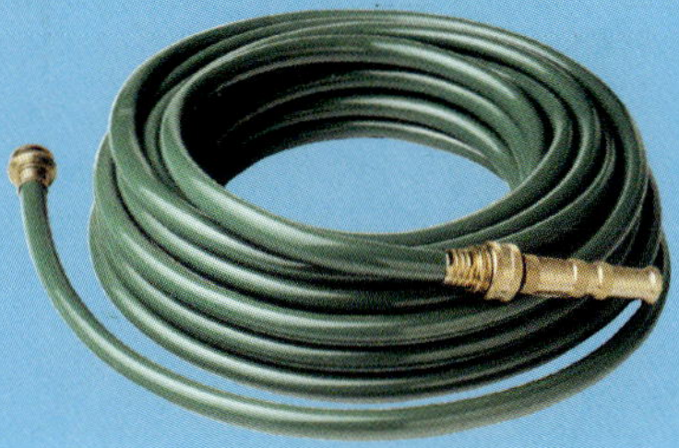

una manguera
un tuyau d'arrosage

una tienda de campaña
une tente

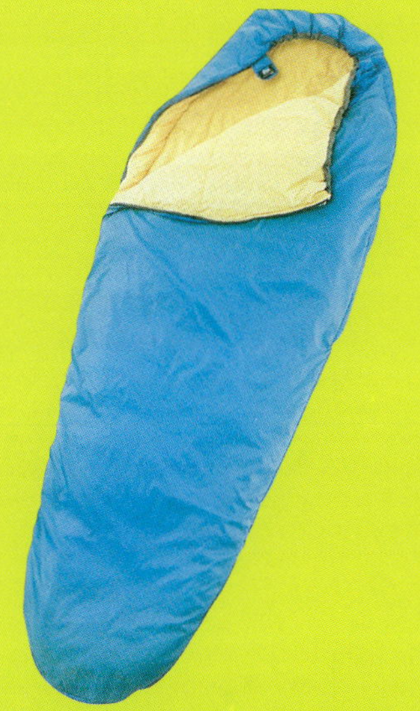

un saco de dormir
un sac de couchage

Dis en espagnol le nom de l'objet qui permet de voir la nuit.

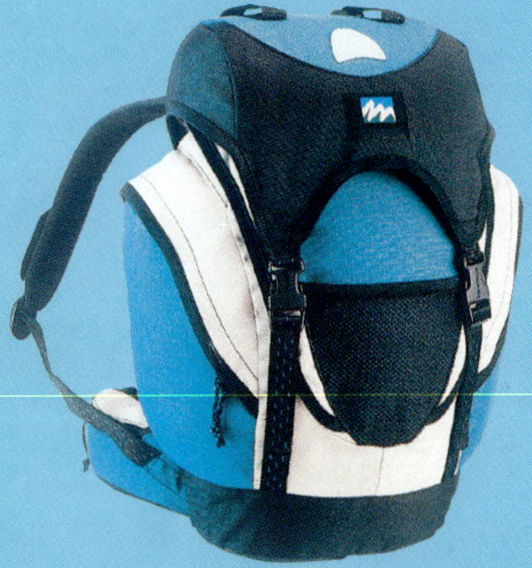

una mochila
un sac à dos

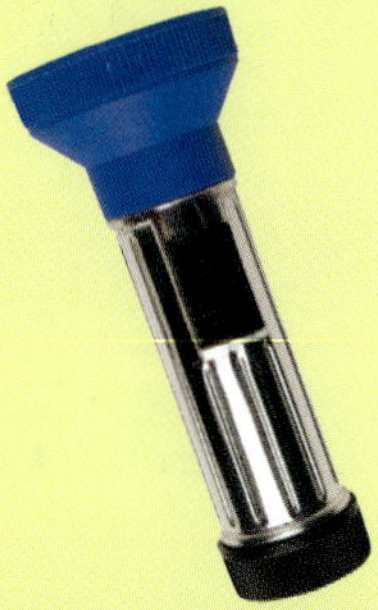

una linterna
une lampe de poche

una brújula
une boussole

Dis « ouistiti » !

una cámara fotográfica
un appareil photo

Les jumelles permettent de voir ce qui est loin.

unos prismáticos
des jumelles

Aide la petite fille à retrouver sa tente.

JEU

La montagne

un hombre de nieve
un bonhomme de neige

Que signifie *nieve* en français ?

?

la nieve
de la neige

unos patines de hielo
des patins à glace

unas botas de esquí
des chaussures de ski

unos esquíes
des skis

unos bastones de esquí
des bâtons de ski

Il y a beaucoup de montagnes en Espagne.

un abeto

un sapin

una tabla de snowboard

un surf des neiges

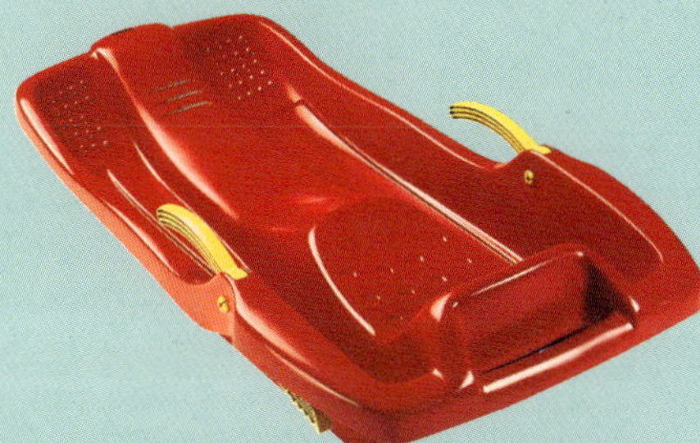

un pequeño trineo

une luge

La mer

un traje de baño
un maillot de bain

!
L'eau de la mer est salée.

la arena
du sable

las gafas de sol
des lunettes de soleil

Encuentra las gafas de sol.

?

las sandalias de plástico
des sandales en plastique

la crema solar
de la crème solaire

una gorra
une casquette

un barco
un bateau

« Faire du bateau » se dit *navegar*.

una tabla de windsurf
une planche à voile

JEU **Montre les bouées, de la plus petite à la plus grande.**

unos brazaletes salvavidas
des brassards

Comment dit-on « bouée » en espagnol ?

un salvavidas
une bouée

una ola
une vague

un tubo de buceo
un tuba

una máscara de buceo
un masque

unas aletas de buceo
des palmes

unas conchas
des coquillages

« Le ballon est rond » se dit *el balón es redondo*.

un balón
un ballon

una pala
une pelle

un cubo
un seau

un rastrillo
un râteau

un tamiz
un tamis

unos moldes
des moules

¿De qué color es el cubo?

un castillo de arena
un château de sable

Le ciel et le temps

el Sol le Soleil

À quel moment peux-tu voir des étoiles ?

la Luna la Lune

las estrellas les étoiles

el cielo
le ciel

!
L'arc-en-ciel apparaît quand il pleut et qu'il y a du soleil en même temps.

un arco iris un arc-en-ciel

una nube un nuage

la lluvia la pluie

JEU

Montre les chaussures que doit mettre le petit garçon pour aller jouer sous la pluie.

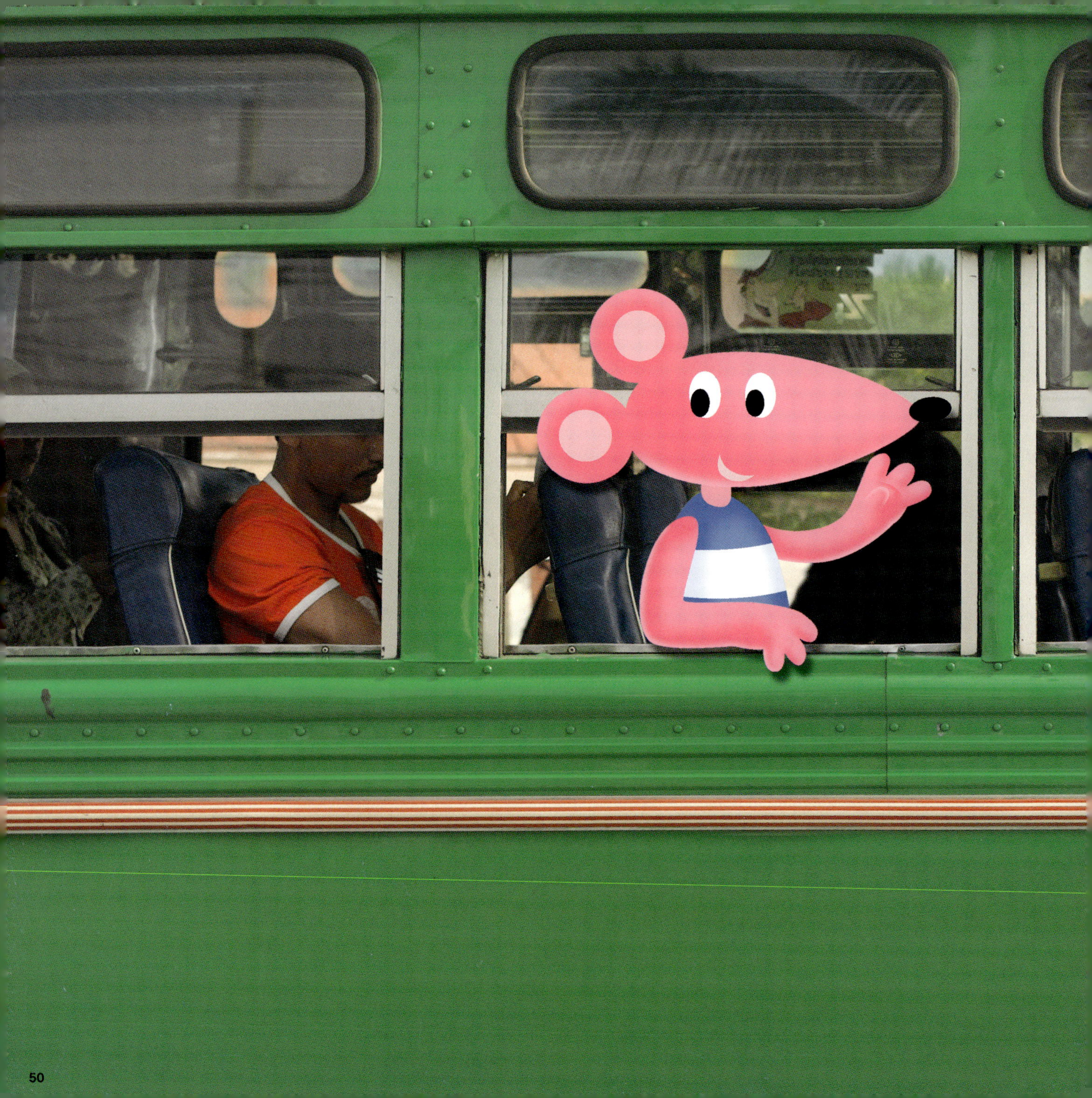

Los transportes

Les transports

un autocar

un autocar

Dis en espagnol le nom du véhicule le plus petit.

?

un autocaravana

un camping-car

un camión

un camion

un coche

une voiture

un tren

un train

On peut aller en Espagne en train.

JEU

Trouve l'intrus !

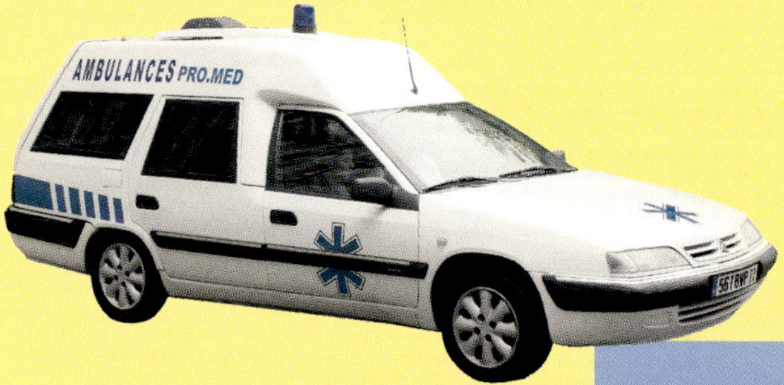

una ambulancia

une ambulance

¿De qué color es el camión de bomberos?

un coche de policía

une voiture de police

una escalera de bomberos

la grande échelle

un camión de bomberos

un camion de pompiers

un camión de la basura

un camion poubelle

una bicicleta

un vélo

Pour faire de la moto et du scooter, il faut porter un casque.

un escúter

un scooter

una motocicleta

une moto

Le fermier utilise le tracteur pour travailler dans les champs.

un tractor

un tracteur

un buldozer

un bulldozer

Encuentra el tractor.

una hormigonera

une bétonnière

?

À qui appartient le tracteur ?

JEU

un avión
un avion

un parapente
un parapente

?

Dis en espagnol le nom du véhicule qui a des ailes.

un paracaídas
un parachute

un helicóptero
un hélicoptère

En avion, on met environ deux heures pour aller en Espagne.

un globo aerostático

une montgolfière

La alimentación
L'alimentation

Les fruits

Que signifie *manzana* en français ?

un melocotón
une pêche

un albaricoque
un abricot

una pera
une poire

unas manzanas
des pommes

una ciruela
une prune

Il existe des pommes vertes, jaunes et rouges.

En Espagne, il pousse beaucoup d'oranges.

unas frambuesas
des framboises

una fresa
une fraise

unas cerezas
des cerises

un pomelo
un pamplemousse

un limón
un citron

unas moras
des mûres

unas grosellas
des groseilles

Encuentra los frutos rojos.

unas mirtillas
des myrtilles

una naranja
une orange

una clementina
une clémentine

una nuez
une noix

unas avellanas
des noisettes

una nuez de coco
une noix de coco

?

Encuentra las uvas.

una sandía
une pastèque

una piña un ananas

unas uvas
du raisin

un kiwi
un kiwi

un melón
du melon

Le melon est un fruit que l'on mange en été.

un plátano
une banane

JEU

Retrouve les fruits qui vont ensemble.

Les légumes

una col
un chou

unos brócolis
des brocolis

una coliflor
un chou-fleur

Dis en espagnol le nom du légume rond et vert.

unas judías verdes
des haricots verts

Les légumes poussent dans le potager.

una alcachofa
un artichaut

unos guisantes des petits pois

unos espárragos
des asperges

unos puerros
des poireaux

una zanahoria
une carotte

Comment dit-on «pomme de terre» en espagnol ?

unas patatas
des pommes de terre

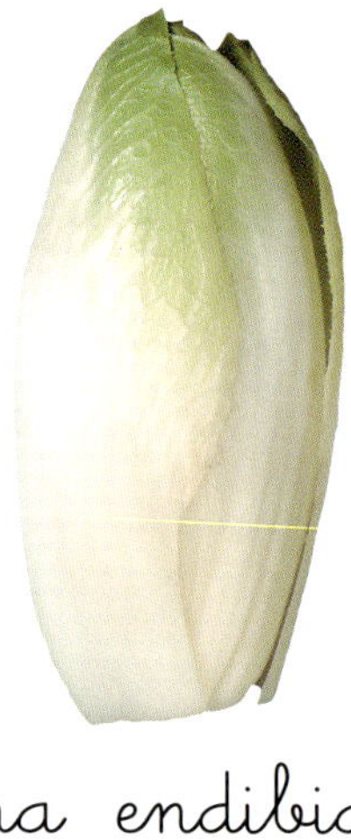

una endibia
une endive

unas espinacas
des épinards

Les concombres se mangent en salade.

un pepino
un concombre

un calabacín
une courgette

una berenjena
une aubergine

un tomate

une tomate

unos rábanos

des radis

el ajo

de l'ail

¿De qué color es el tomate?

una lechuga

une salade

una cebolla

un oignon

una seta

un champignon

JEU

Aide le jardinier à retrouver ses salades.

Avec le maïs, on fait des corn-flakes.

el maíz

du maïs

una calabaza

un potiron

Les aliments

el arroz
du riz

el jamón
du jambon

el salchichón
du saucisson

comer pastas
manger des pâtes

! Les Espagnols aiment manger une soupe froide : le gaspacho.

el puré

de la purée

unas salchichas des saucisses

?

Dis en en espagnol le nom des aliments qui se mangent chauds.

el pescado

du poisson

la sopa

de la soupe

la carne
de la viande

un pollo asado
un poulet rôti

un bocadillo
un sandwich

Que signifie *carne* en français ?

unas patatas fritas
des frites

JEU

Montre à la petite fille ce qu'elle peut manger.

En espagnol, les frites se disent aussi *patatas francesas* !

una pizza

une pizza

una quiche

une quiche

el agua

de l'eau

la sal

du sel

la pimienta

du poivre

el aceite

de l'huile

el vinagre

du vinaigre

?

Dis en espagnol le nom de l'aliment qui pique.

el ketchup

du ketchup

la mostaza

de la moutarde

Avec le lait, on fabrique du fromage et des yaourts.

beber leche
boire du lait

el queso
du fromage

un yogur
un yaourt

unos petits-suisses
des petits-suisses

una barra de pan
une baguette

C'est le boulanger qui fabrique le pain.

el pan
du pain

un croissant
un croissant

un pan con chocolate
un pain au chocolat

la mantequilla
du beurre

la mermelada
de la confiture

el zumo de naranja
du jus d'orange

los cereales
des céréales

¿De qué color es el zumo de naranja?

?

JEU

Retrouve l'ombre de chaque aliment.

la harina
de la farine

unos huevos
des œufs

?

Encuentra el azúcar.

el azúcar
du sucre

hacer un pastel
faire un gâteau

el chocolate
du chocolat

un pastel
un gâteau

una galleta
un biscuit

una tarta
une tarte

un pastel de chocolate
un éclair au chocolat

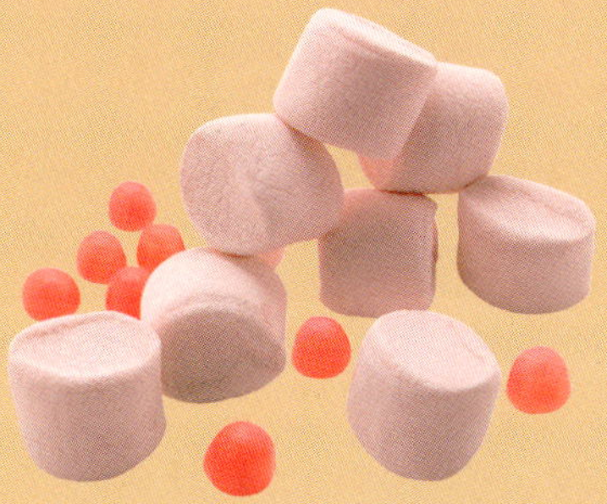

unos caramelos
des bonbons

!

En Espagne, les éclairs au chocolat n'existent pas.

un helado
une glace

La maison

La casa

Le salon

una lámpara
une lampe

un periódico
un journal

un sofá
un canapé

unos cojines
des coussins

?

Compte les coussins en espagnol.

un televisor
une télévision

Il faut arroser les plantes pour qu'elles poussent bien.

una mesa de centro
une table basse

unas plantas
des plantes

un teléfono
un téléphone

un DVD
un DVD

Quel est ton dessin animé préféré ?

un lector DVD
un lecteur de DVD

una estantería
une étagère

unos libros
des livres

«Le fauteuil est blanc» se dit *el sillón es blanco.*

una biblioteca une bibliothèque

un ordenador

un ordinateur

Quel appareil permet d'écouter de la musique ?

un equipo de sonido

une chaîne hi-fi

?

un sillón

un fauteuil

JEU

Montre le coussin de la même couleur que le fauteuil.

La cuisine

unos armarios
des placards

«Faire la cuisine» se dit *cocinar*.

Tu aimes faire les gâteaux ?

un reloj
une pendule

un cucharón
une louche

un batidor
un fouet

Comment dit-on « casserole » en espagnol ?

un escurridor de pastas
une passoire

una olla a presión
une Cocotte-Minute

una sartén
une poêle

una cacerola
une casserole

una cuchara sopera
une cuillère à soupe

un cuchillo
un couteau

un tenedor
une fourchette

una cucharilla une petite cuillère

?

Dis en espagnol le nom de l'objet qui coupe.

un vaso
un verre

una ensaladera
un saladier

un plato une assiette

una fuente
un plat

! Les Espagnols déjeunent l'après-midi !

las servilletas
des serviettes

un mantel
une nappe

Trouve l'intrus !

JEU

un tazón
un bol

¿De qué color es la tetera?

?

una cafetera
une cafetière

una taza
une tasse

un platillo
une soucoupe

una tetera
une théière

un mug
un mug

un hervidor
une bouilloire

una silla alta

une chaise haute

On met un bavoir aux enfants pour qu'ils ne tachent pas leurs vêtements.

un babero

un bavoir

un biberón

un biberon

un horno micro-ondas

un four à micro-ondes

un robot de cocina

un robot ménager

un tostador de pan

un grille-pain

un congelador

un congélateur

On met les aliments dans le réfrigérateur pour les conserver.

una nevera

un réfrigérateur

unas placas eléctricas
des plaques électriques

un horno
un four

una cocina
une cuisinière

Comment dit-on « lave-linge » en espagnol ?

un lavavajillas
un lave-vaisselle

una lavadora
un lave-linge

un cubo de la basura
une poubelle

una esponja
une éponge

un fregadero
un évier

un cepillo lavaplatos
une brosse à vaisselle

el liquido lavavajillas
du liquide vaisselle

Que signifie *fregadero* en français ?

JEU

Retrouve le balai de chaque enfant en t'aidant de la couleur de son tablier.

el papel de cocina
de l'essuie-tout

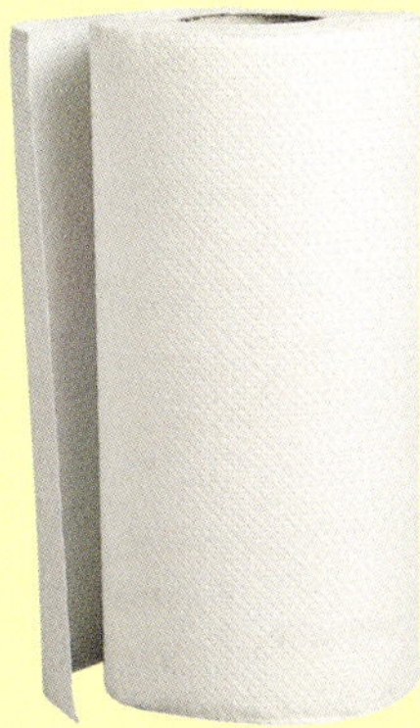

un trapo de cocina
un torchon

una mesa
de planchar
une table
à repasser

! **«Le fer à repasser est chaud» se dit *la plancha es caliente*.**

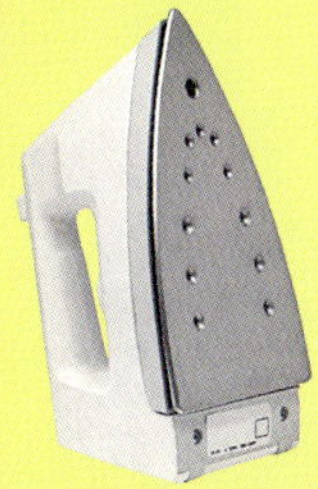

una plancha
un fer à repasser

un aspirador
un aspirateur

una escoba
un balai

una pala
une pelle

La salle de bains

una toalla
une serviette de bain

un guante de baño
un gant de toilette

tomar un baño
prendre un bain

?

Comment dit-on « baignoire » en espagnol ?

un patito de hule
un canard de bain

el jabón
du savon

el champú
du shampoing

una bañera
une baignoire

Il faut se laver les dents avant d'aller se coucher.

un albornoz
un peignoir

un secador de pelo
un sèche-cheveux

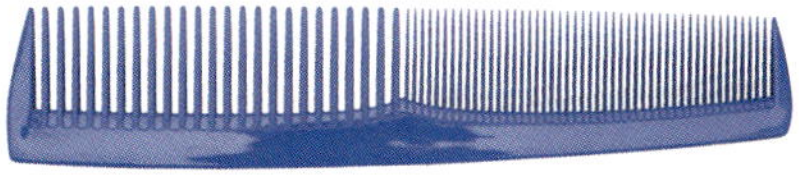

un peine
un peigne

un cepillo para pelo
une brosse à cheveux

un cepillo de dientes
une brosse à dents

un dentífrico
du dentifrice

una ducha
une douche

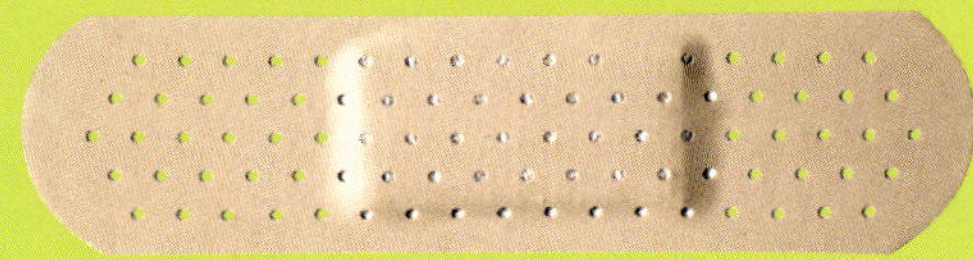

una tirita
un pansement

el algodón
du coton

el desinfectante
du désinfectant

!

« Prendre une douche » se dit *tomar una ducha*.

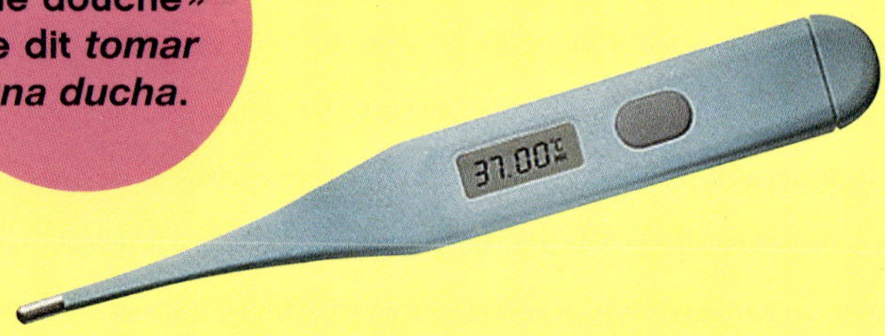

un termómetro
un thermomètre

el papel higiénico
du papier toilette

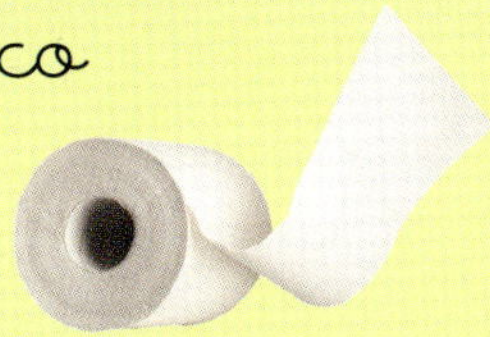

Dis en espagnol le nom de l'objet qui permet de voir son reflet.

?

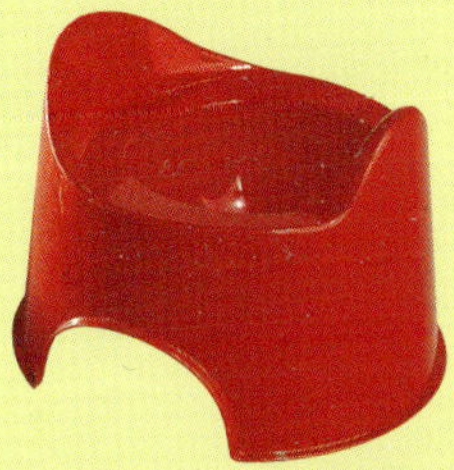

el baño
des toilettes

una bacinilla
un pot

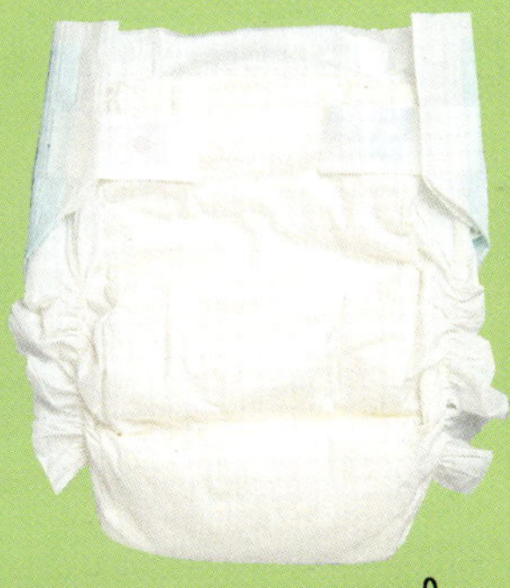

un pañal
une couche

un espejo
un miroir

un grifo
un robinet

un lavabo
un lavabo

La chambre

La chambre est l'endroit où tu dors.

una almohada
un oreiller

una mesita de noche
une table de chevet

Comment dit-on « lit » en espagnol ?

?

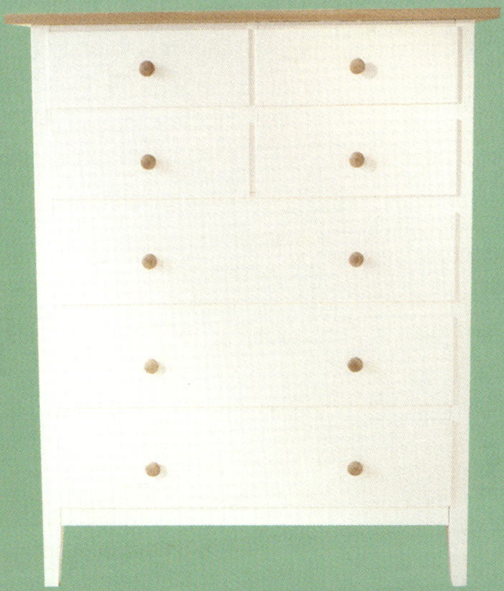

una cómoda
une commode

Trouve les cinq différences entre les petites filles.

JEU

un cubo de juguetes
un coffre à jouets

una muñeca
une poupée

jugar
jouer

Encuentra los cochecitos.

?

un caballo de madera
un cheval à bascule

unos cochecitos
des petites voitures

una cocina de juguete
une dînette

un peluche
une peluche

un puzzle
un puzzle

unos cubos
des cubes

un dominó
des dominos

Les jeux en bois sont plus solides que les jeux en plastique.

un juego de construcción
un jeu de construction

Les activités

pintar
peindre

un pincel un pinceau

la pintura de la peinture

? Dis en espagnol le nom de l'objet qui te sert à découper.

unas tijeras
des ciseaux

la plastilina
de la pâte à modeler

unos lápices de colores

des crayons de couleur

! **Il faut fermer le bouchon des feutres pour qu'ils ne sèchent pas.**

unos rotuladores

des feutres

un bolígrafo

un stylo

una regla

une règle

un lápiz

un crayon à papier

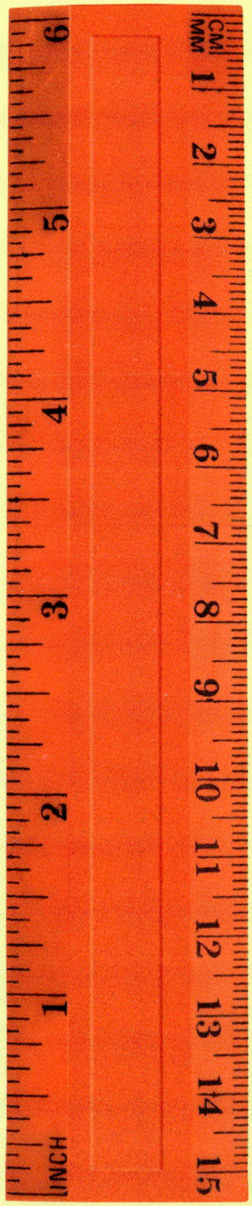

una goma

une gomme

La musique

un acordeón
un accordéon

un tambor
un tambour

?

Encuentra el tambor.

una pandereta
un tambourin

unas maracas
des maracas

una trompeta
une trompette

« Jouer de la guitare » se dit *tocar la guitarra.*

una flauta une flûte

un piano
un piano

un xilófono
un xylophone

una guitarra
une guitare

un arco
un archet

un violín
un violon

La ropa
Les vêtements

un camisón

une chemise de nuit

una bata

une robe de chambre

Dis en espagnol le nom du vêtement qui a des manches courtes.

un pijama

un pyjama

unas zapatillas

des chaussons

unas bragas
une culotte

un calzoncillo
un caleçon

L'hiver, on porte des collants pour ne pas avoir froid aux jambes.

unas medias
des collants

unos calcetines
des chaussettes

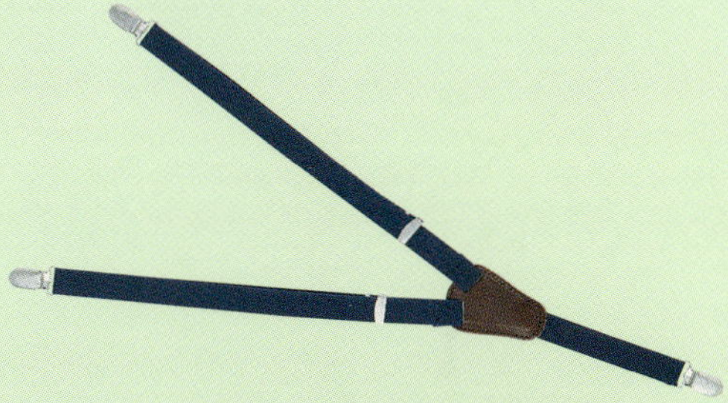

unos tirantes
des bretelles

un cinturón
une ceinture

JEU

Aide le petit garçon à retrouver sa chaussette.

una camisa
une chemise

una camiseta
un tee-shirt

vestirse
s'habiller

un pantalón de peto
une salopette

La salopette a des bretelles.

un jersey
un pull

un pantalón
un pantalon

¿De qué color es la falda?

un vestido
une robe

una falda
une jupe

un gorro
un bonnet
una bufanda
une écharpe
Avec des gants, on peut toucher la neige sans avoir froid aux mains.
Oh ! là, là ! Tu as vu la grosse boule de neige ?

un buzo
une combinaison

un abrigo
un manteau

Comment dit-on « manteau » en espagnol ?

un anorak
un anorak

unas manoplas
des moufles

unos guantes
des gants

Avec mon parapluie, je ne risque pas d'être mouillé !

un paraguas

un parapluie

! Le parapluie, le ciré et les bottes sont imperméables.

un impermeable de hule

un ciré

unas botas

des bottes

atarse los cordones

faire ses lacets

Retrouve les chaussures qui vont ensemble.

JEU

?

Encuentra los zapatos rosados.

unos tenis

des tennis

unos zapatos

des chaussures

El cuerpo

Le corps

una niña un niño
une fille un garçon

Encuentra el niño y la niña.

la cara
le visage

Les yeux peuvent être bleus, verts ou marron.

el pelo les cheveux

la frente
le front

la oreja l'oreille

el ojo l'œil

la nariz le nez

la mejilla
la joue

la boca
la bouche

el mentón
le menton

Les mouvements

de pie
debout

Encuentra la niña que está de pie.

?

sentado
assis

caminar
marcher

Quand on dort, on est allongé.

de rodillas
à genoux

dormir
dormir

acostado
allongé

correr courir

saltar
sauter

Les émotions

hacer una mueca
faire une grimace

besarse
s'embrasser

Comment dit-on « s'embrasser » en espagnol ?

?

À ton tour de faire une grimace !

reír rire

Quand on n'est pas content, on fait la tête.

poner cara larga

faire la tête

disputarse

se disputer

consolar

consoler

llorar

pleurer

JEU

Trouve les quatre différences entre les petits garçons.

Les cinq sens

tocar
toucher

Quelle partie de ton corps te permet de voir ?

oler
sentir

mirar
regarder

oír

entendre

«Tu entends avec tes oreilles» se dit *oye con tus oídos.*

probar

goûter

JEU

Montre à la petite fille ce qui est doux.

Les âges de la vie

una mujer embarazada
une femme enceinte

un bebé
un bébé

! **En espagnol, « maman » se dit *mamá*.**

una niña
un enfant

una adolescente
une adolescente

un adulto
un adulte

Encuentra el adulto.

una persona mayor
une personne âgée

Index

D

Q

R

S

T

V

X, Y, Z

Nous remercions
pour leur aimable collaboration

Adria (SA Socanor Import), Apple, Babymoov, Berchet, Société Bic pour les marques BIC® et CONTÉ®, Bourrelier, Canon, Cédus, CMN, Danone, Décathlon pour les marques Caperlan, Inesis, Quechua et Tribord, Delafon, Délifrance, Du Pareil Au Même, Eda, Électrolux, Eurocopter, Évobus, France Telecom, Guy Cotten, Habitat, Haribo, Ikéa, Interfel et la Cuisinothèque, Jacadi, JeuJura, John Deere, Lapeyre/GME, Man, MBK Industrie, Ministère de l'Intérieur-service communication, groupe Moulinex pour les marques Krups et Moulinex, Nervures, Nissan, Outils Wolf, Pain d'épice, Petit Bateau, Peugeot, Philips, Pom d'Api, Reynolds, Rowenta, SCIME, Seb, Ville de Paris.

Ont participé à l'élaboration de cet ouvrage

L. Bouton, C. Despine, A. Joncheray, M.-I. Langand, B. Legendre, L. Maj, F. Michaud, A. Pichlak, M. Seger, I. Southgate, A. Terrin pour Rampazzo & Associés.

Illustrations : Jeux - Laurence Jammes / MoustiLou - Sébastien Destin pour le dessin et Yves Chagnaud pour les couleurs.

CRÉDITS PHOTOGRAPHIQUES

Le numéro correspond à celui de la page. Les lettres signifient : H : haut ; b : bas ; d : droite ; g : gauche : c : centre.

BIOS : Courteau C. : 47b ; Crocetta T. : 30b ; Delfino D. : 48hd ; Delobelle J.-P. : 11bd ; Denis-Huot M.&C. : 19bd, 27cd ; Etienne J.-J. : 17bd ; Granier N. : 22b ; Gunther M. : 6bg, 7cd ; Halleux D. : 8bg ; Heuclin D. : 14bc, 27bd ; Klein J.-L.& Hubert M.-L. : 7hd, 29h, 41hd ; Laidler K.&L./OSF : 24hg ; Lane M. : 16bg ; Lefèvre Y. : 28-29 ; Pons A. : 20 ; Prevot J.-M. : 13hc ; Quillivic C.-G. : 27hd ; Rapilliard M. : 34 ; Robert J.-C. : 28h ; Rotman J. : 27bg ; Ruoso C. : 16-17, 23hd ; Ruoso C./Bergerie Nationale : 8bd ; Seitre R. : 31hd ; Simeonidis D. : 26bd ; Smith C.-H./Peter A. : 36d ; Tavernier Y. : 26cg ; Ziegler J.-L.&F. : 9hd. **BSPP :** 54b. **COLIBRI :** Lavergne J-Y. : 22hg ; Vanneyre N. : 8h. **CORBIS :** Terrill S. : couv-hd. **GETTY :** Altrendo images : 92-93 ; Bard M. : 74d ; Botterell R. : 70hd ; Cheadle C. : 62h ; Copeau J. : 116d ; Doyle P. : couv-cd ; Fasani B. : 132g ; Fife M. : 52bg, 58hg ; Hall T. : 82bd ; Harvey M. : 4-5 ; Hewitt S. : 118, Hummer : 50-51 ; Jacob Stock Photography : 49hd ; Knowles J. : 128hg, J.couv-cg ; Koenigsberg D. : 110g ; Kramer : G.90 ; Lee J. : 131h ; Lemmens F. : 40-41 ; Lewin E. : 132hd ; Losh B. : 108g ; MacGregor&Gordon : 39hd ; Major J. : 131bg ; McConnell E. : 67hg ; McQueen M. : 84-85, Panoramic Images : 112-113 ; Paul M. : 60-62, 76hd ; Peacock B. : 6-7 ; Pollok A. : 133g ; R Bilenduke W. : 48g ; Rausser S. : 95g ; Rees N. : 130d ; Reichel J.-N. : 32-33 ; Rynio J. : 75bg ; Sanderson I. : 49bg ; Scherer J. : 76hg ; Simpson S. : 42 ; Sinibaldi A.&L. : 122-123 : Wide Group : 106hd ; Yates M. : 104. **HACHETTE PHOTOS :** Biancotto B./Hoa-Qui : 44hd ; Jocker F./Hoa-Qui : 86-87 ; Pearce S./Age Fotostock /Hoa-Qui : 46h ; Shah A./Jacana : 24bd. **PHONE :** Ferrero J.-P./Labat J.-M. : 18bg ; Ferrero J.-P. : 23bd ; Ferrero J.-P. : 23bg, 30hg ; Goetgheluck P. : 14hc ; Grenet M.&Soumillard A. : 10b, 14bd, 17bg ; Jardel C. : 14hd, 14hg ; Labat J.-M./Jardel C. : 24bg ; Labat J.-M./Rocher P. : 6hg ; Labat J.-M. : 18hg ; Nevoit F. : 26-27 ; Reinhard H. : 17cd ; Thiriet C. : 10hd ; Valter R. : 13hd, 16cg, 19hd, 25hd. **PHOTONONSTOP :** De l'Home W. : 130hg ; IT Stock : 111hg ; Moirenc C. : 130bg ; Ozu K. : 133bd : Somelet P. : 124 ; South Beach Prod : 128hd ; Villerot S. : 100-101. **SUNSET :** Lacz G. : 10hg, 12h. **Marc Schwartz :** 37hg, 43bd, 45bg, 45hg, 46bg, 47hd, 62bg, 70bg, 74cg, 74hg, 75bd, 75hd, 75hg, 76bd, 76bg, 77bg, 78bc, 78bd, 78hc, 78hd, 79bd, 79cd, 79hd, 80bc, 80bg, 82cg, 82hg, 83bg, 83cg, 83hc, 83hg, 86cg, 88, 91bd,, 92bg, 92hg, 92hg, 92hg, 92hg, 95bd, 98hd, 99bc, 99bd, 99hd, 99hg, 99hg, 100bc, 100bd, 101bc, 101bd, 101bd, 102cd, 102cd, 103bg, 105hg, 108bd, 109bg, 114bg, 114hd, 114hg, 115bg, 115bg, 115hd, 115hd, 116bg, 116hg, 117bd, 117bg, 117hg, 119bd, 119bd, 119hd, 119hg. **Michel Gantner :** 86bg, 111bg. **Patrick Mourral :** 89hg, 54hg, 57hg. **Ph. Legrand :** 100hg, 101hd. **Autres Photos :** DR.

© ÉDITIONS PLAY BAC 2006. 33, RUE DU PETIT-MUSC – 75004 PARIS. www.playbac.fr

ISBN : 2-84203-874-6
Loi n° 4956 du 16 juillet 1949 pour les publications destinées à la jeunesse.
Dépôt légal : octobre 2006. Imprimé à Singapour par TWP.

Toute représentation ou reproduction intégrale ou partielle faite sans le consentement de l'auteur ou de ses ayants droits ou ayants cause est illicite (article L122-4 de Code de la propriété intellectuelle). Cette représentation ou reproduction, par quelque procédé que ce soit, constituerait une contrefaçon sanctionnée par les articles L335-2 et suivants du Code de la propriété intellectuelle.

Les collections de MoustiLou

MoustiLou, c'est toute une gamme de livres qui invitent, à chaque âge, les enfants à découvrir le « vrai » monde en photos.

Les 1res imageries de MoustiLou

L'imagerie française et l'imagerie bilingue anglais

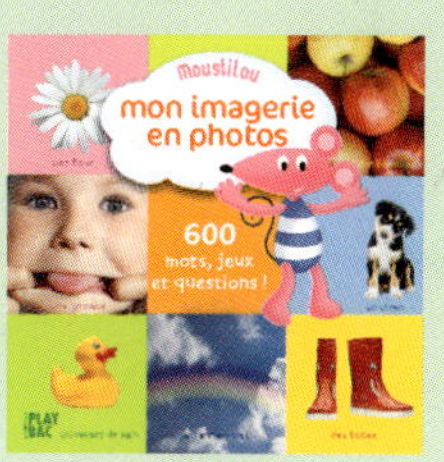

Les petites découvertes